桃太郎

文　船津景子

絵　西村もも

Jahnstraße 44 I 82166 Gräfelfing I www.edition-bracklo.de

Grafik: Ulrike Lang I Gräfelfing
Lektorat: Ute Löwenberg I Düsseldorf
Produktion: Offsetdruckerei Karl Grammlich I Pliezhausen

1. Auflage 2011
Printed in Germany

ISBN 978-3-00-034783-2

Edition Bracklo

Momotaro der Pfirsichjunge

Ein japanisches Volksmärchen
erzählt von Keiko Funatsu
gezeichnet von Momo Nishimura

Es war einmal …

… ein altes Ehepaar, das lebte in einem kleinen Haus auf dem Lande.

Immer und immer wieder ging der alte Mann in die Berge, Feuerholz zu sammeln. Die alte Frau ging zum Fluss, Wäsche zu waschen. Da sie keine Kinder hatten, war es ein schweres und oft einsames Leben.

Eines Morgens wusch die alte Frau wieder einmal die Wäsche im Fluss, da schwamm ein ungewöhnlich großer und reifer Pfirsich auf sie zu.

Weil der Pfirsich so überaus köstlich aussah, holte die alte Frau ihn schnell aus dem Wasser und trug ihn vorsichtig nach Hause.

Es dunkelte schon, als der alte Mann mit einem großen Holzbündel aus den Bergen zurückkam. Er war sehr erschöpft von der Arbeit. Aber als er den Pfirsich sah, fiel all seine Müdigkeit von ihm ab.

Der Pfirsich duftete stärker und stärker. Er begann sich zu bewegen. Plötzlich brach er auf, und ein prächtiger kleiner Junge kam zum Vorschein. Das Kind brüllte hungrig.

Zunächst erschrak das alte Ehepaar sehr. Aber dann freuten sich die beiden über den Jungen aus dem Pfirsich. So lange hatten sie sich vergeblich ein Kind gewünscht. Rasch bereitete die alte Frau einen Brei, um das Kind zu beruhigen.

Der alte Mann sagte: „Dieses Kind soll von nun an unser Sohn sein. Da er aus einem Pfirsich geboren ist, wollen wir ihn Momotaro, Pfirsichjunge nennen."

Liebevoll erzog das alte Ehepaar Momotaro.
Die beiden versorgten ihn so gut
sie konnten mit reichlich Leckerbissen.
Momotaro wurde mit jeder Mahlzeit größer
und größer. Er wuchs schnell zu einem
gesunden, kräftigen Burschen heran.
Seine Pflegeeltern waren sehr glücklich
und hatten Freude an ihrem Sohn.

Schon bald war Momotaro so groß, dass er dem alten Ehepaar helfen konnte. Wenn Nachbarn ihn aber abholen wollten, um in den Bergen gemeinsam Feuerholz zu sammeln, sagte Momotaro: „Nein, heute nicht, vielleicht morgen.“ Wenn Kinder ihn zu Wettkämpfen herauslocken wollten, sagte er wieder: „Nein, heute nicht, vielleicht morgen.“ Tagein tagaus aß und schlief er.

Als schließlich kein Scheit Holz mehr im Hause übrig war, stand Momotaro auf, um zu helfen. Er ging im Morgengrauen in die Berge. Dort zog er ganz allein mit einem einzigen Ruck einen dicken Baum samt aller Wurzeln aus dem Boden. Mühelos trug er ihn auf dem Rücken ins Dorf.

Das alte Ehepaar und die Nachbarn waren sprachlos. Solche Kräfte hatten sie bei Momotaro nicht vermutet. Bald sprach man im ganzen Lande von ihm als dem „starken Momotaro“.

Eines späten Nachmittags, als Momotaro draußen schlummerte, kam ein Rabe angeflogen und krächzte ihm zu: „Die bösen Oni von der Dämoneninsel sind ins Dorf gekommen! Sie haben Reis und Gemüse geraubt. Sie haben den Menschen ihr Hab und Gut gestohlen! Steh auf und hilf!“ Momotaro räkelte sich verschlafen und rieb sich die Augen.

Am nächsten Abend kam der Rabe wieder, um Momotaro aufzurütteln. „Die bösen Oni sind gekommen! Steh auf und hilf!“ Momotaro setzte sich auf und lauschte.

Am Abend des dritten Tages wartete Momotaro schon, als der Rabe erschien und ihm zukrächzte: „Steh auf und hilf!“

日本一

Tags darauf verkündete Momotaro seinen Eltern: „Ihr wart immer gut zu mir, und ich danke euch von ganzen Herzen. Ich gehe nun auf die Dämoneninsel, um die bösen Oni zu besiegen und unser Dorf zu retten. Bitte rüstet mich dafür aus!"

Das alte Ehepaar erschrak sehr. Als sie aber merkten, wie entschlossen er war, taten sie für ihn, was sie konnten.

Die alte Frau bereitete die besten Hirseklöße zu und reichte sie Momotaro in einem Beutel. Der alte Mann kleidete Momotaro ein, reichte ihm einen festen Stock und malte ein Banner, auf dem stand „Größter im ganzen Lande".

Momotaro nahm Abschied von seinen besorgten Eltern und machte sich auf den Weg.

日本一

Außerhalb des Dorfes begegnete ihm ein Hund, der ihm entgegen bellte: „Guten Tag, Momotaro. Wohin gehst du?“ „Auf die Dämoneninsel, um die bösen Oni zu besiegen!“, antwortete Momotaro. „Und was trägst du in deinem Beutel?“, wollte der Hund wissen. „Hirsebällchen, die besten im ganzen Lande“, verkündete Momotaro, „wer davon kostet, dem geben sie Mut und Stärke.“ „Bitte gib mir ein Hirsebällchen. Dann komme ich mit dir“, versprach der Hund.

Kaum hatte Momotaro ihm ein Hirsebällchen gegeben, verschlang es der Hund und leckte sich genüsslich das Maul. Von nun an folgte er Momotaro auf Schritt und Tritt.

日本一

Momotaro und der Hund kamen an einer alten Kiefer vorüber, von deren Ast herab ein Affe rief: „Guten Tag, Momotaro. Wohin geht ihr?“ „Auf die Dämoneninsel, um die bösen Oni zu besiegen!“, erklärte Momotaro. „Und was trägst du in deinem Beutel?“, fragte der Affe. „Hirsebällchen, die besten im ganzen Lande“, verkündete Momotaro, „wer davon kostet, dem geben sie Mut und Stärke.“ „Bitte gib mir ein Hirsebällchen. Dann komme ich mit euch“, versprach auch der Affe.

Gern reichte Momotaro ihm eines seiner Hirsebällchen. Auch der Affe verschlang es rasch. Dann folgte er Momotaro und dem Hund auf ihrer Wanderung hinab zur Küste.

日本一

Als Momotaro, der Hund und der Affe eine Schlucht hinab stiegen, flog ein Fasan auf und rief: „Guten Tag, Momotaro. Wohin geht ihr?“ „Auf die Dämoneninsel, um die bösen Oni zu besiegen!“, antwortete Momotaro. „Und was trägst du in deinem Beutel?“, fragte der Fasan. „Hirsebällchen, die besten im ganzen Lande“, verkündete Momotaro, „wer davon kostet, dem geben sie Mut und Stärke.“ „Bitte gib mir ein Hirsebällchen. Dann komme ich mit euch“, versprach nun auch der Fasan.

Bereitwillig nahm Momotaro ein Hirsebällchen aus seinem Beutel und fütterte den anmutigen Vogel. Und so schloss sich ihnen auch der Fasan an.

日本一

An der Küste angekommen, kletterten Momotaro, der Hund und der Affe in ein Boot und stachen in See. Momotaro ruderte mit voller Kraft auf das Meer hinaus. Der Fasan flog vor dem Boot her. Er hielt Ausschau nach der Dämoneninsel, bis er sie endlich weit in der Ferne erblickte.

Vorsichtig legten Momotaro und seine Kameraden an der steilen Küste der Dämoneninsel an. Sie versteckten das Boot hinter Felsen.

Aus einer tiefen Höhle oberhalb des Meeres dröhnten fürchterliche Stimmen. Momotaro und seine Freunde schlichen sich an. Sie krochen zum Eingang der Höhle und erspähten die riesigen und grausigen Oni.
Laut und siegestrunken prosteten sie einander zu und stopften sich die geraubten Speisen ins Maul.

Furchtlos rief Momotaro in die Höhle: „Ich bin Momotaro.
Ich komme, um euch zu besiegen! Nie wieder sollt
ihr unser Dorf in Schrecken versetzen!“

Verdutzt drehten sich die Unholde zu den vier Freunden um.
Einen Moment war es totenstill. Als sie aber der Angreifer
gewahr wurden, brachen die Oni in schallendes Gelächter aus.

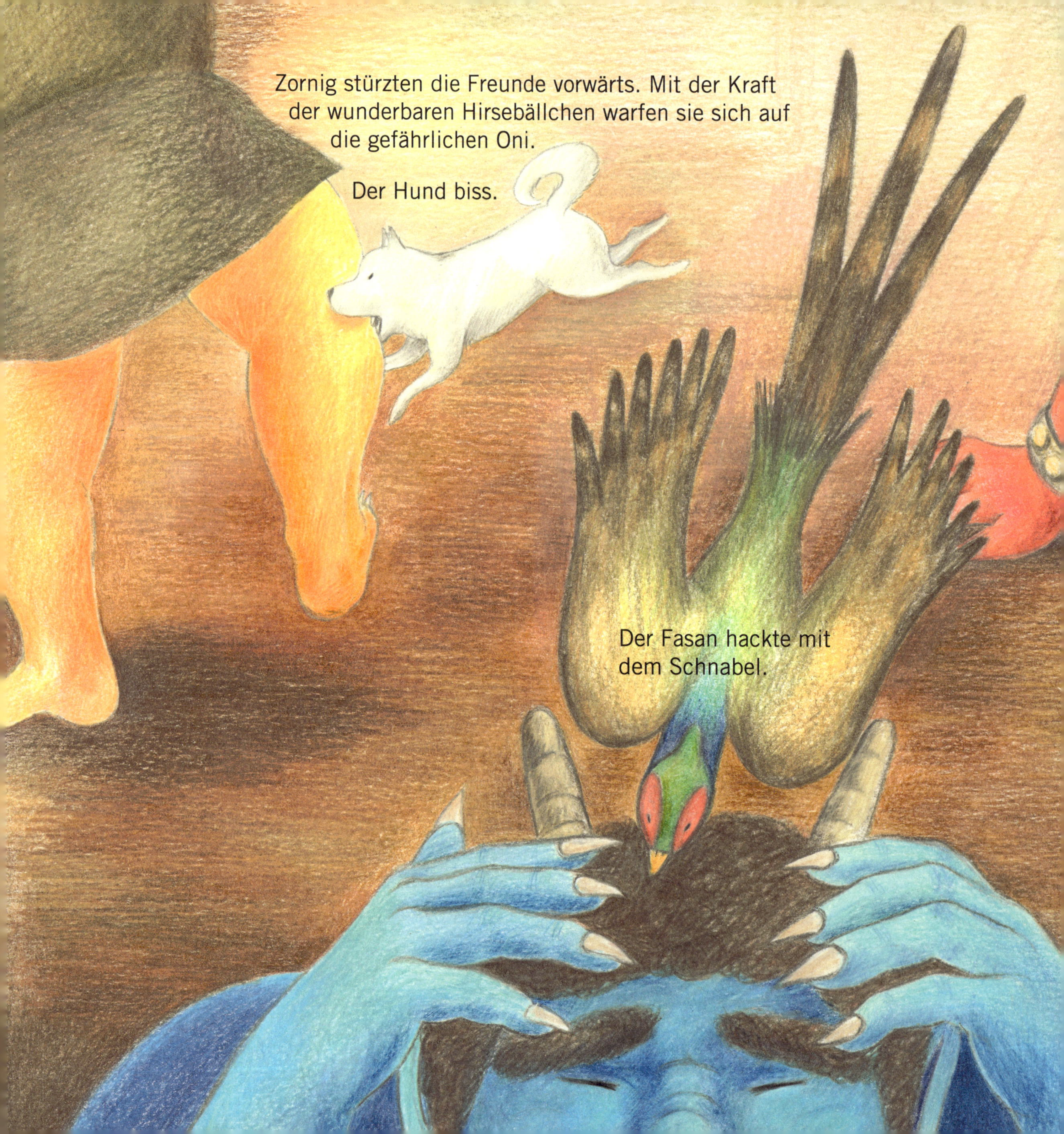

Zornig stürzten die Freunde vorwärts. Mit der Kraft der wunderbaren Hirsebällchen warfen sie sich auf die gefährlichen Oni.

Der Hund biss.

Der Fasan hackte mit dem Schnabel.

Momotaro prügelte mit seinem Stock auf die Oni ein.

Der Affe kratzte.

Bald schrien und heulten die Dämonen vor Entsetzen. Sie ergaben sich schließlich Momotaro. Ihr Anführer bettelte um Gnade: „Verzeih uns bitte! Von nun an werden wir den Menschen nie mehr etwas Böses tun. Alles, was wir aus eurem Dorf gestohlen haben, geben wir euch zurück. Momotaro, du bist wahrlich der Größte im ganzen Lande!“

Momotaro drohte den Oni, sie endgültig zu vernichten, falls sie jemals wieder die Menschen an Land angreifen würden.

日本一

Beladen mit all den geraubten Schätzen kehrten
Momotaro, der Hund, der Affe und der Fasan
in die Heimat zurück.

Das alte Ehepaar freute sich sehr, Momotaro
gesund wieder zu sehen, und hieß ihn und seine
Freunde von Herzen willkommen.

Alle im Dorf priesen die vier tapferen Kämpfer.
Man feierte den großen Sieg mit einem rauschenden Fest.

Momotaro, der Hund, der Affe und der Fasan blieben für immer
treue Freunde. Sie alle lebten noch lange glücklich und in Frieden.

Momo Nishimura, geboren in Osaka, kam 2006 nach München. Im Jahr darauf erhielt sie ein Stipendium in der Internationalen Jugendbibliothek München. Sie illustriert Kinderbücher.

Keiko Funatsu, geboren und aufgewachsen in Kyoto, Germanistin, kam 2004 nach München. Als Autorin, Übersetzerin und Dozentin ist sie in Kyoto und München tätig.